¿QUÉ ES EL LIDERAZGO?

ALBERTO SILVA

Copyright © 2017 Alberto Silva

All rights reserved.

ISBN: 1545426384

ISBN-13: 978-1545426388

PRÓLOGO

Este texto es producto de mi trabajo como docente e investigador sobre liderazgo en el programa de doctorado en administración de empresas (DBA) de Keiser University.

El liderazgo, que hasta hace poco no era uno de los tópicos favoritos de investigación académica, se ha convertido posiblemente en uno de los más atractivos. En casi todos los ámbitos de la actividad humana, preocupa en este siglo la aparente carencia de líderes que puedan ser capaces de contribuir a solucionar los múltiples conflictos que existen y encauzar al mundo hacia mejores niveles de paz, bienestar y desarrollo. De allí que exista tanto interés por estudiar este tema, tratando de identificar los principios que puedan conducir a procesos de liderazgo más efectivos.

No es fácil escribir sobre liderazgo. En buena parte porque ya se ha escrito mucho sobre él, pero también porque mucho de lo escrito no se fundamenta en investigaciones serias. Varios autores reconocidos han denunciado la existencia de una gran cantidad de libros y artículos, así como de cursos y seminarios, que pretenden proporcionar recetas fáciles para el desarrollo del liderazgo. En este trabajo me he propuesto apartarme de ese tipo de literatura y basarme en estudios académicos de comprobado valor.

En particular, este texto se ajusta a la idea de que el liderazgo involucra por igual a los líderes, los seguidores y el contexto y se trata, por consiguiente, de proporcionar una información equilibrada sobre esos tres factores.

La intención de este libro es que pueda servir de material de consulta tanto para estudiantes como para investigadores de liderazgo.

CONTENIDO

PRÓLOGO	1

PRIMERA PARTE: LA EVOLUCIÓN DEL CONCEPTO DE LIDERAZGO

1.	LA EVOLUCIÓN DEL CONCEPTO DE LIDERAZGO	7

SEGUNDA PARTE: EL LÍDER

2.	LOS RASGOS DEL LIDERAZGO	13
3.	LOS ESTILOS DE LIDERAZGO	15
4.	LOS VALORES DEL LÍDER	19
5.	LAS COMPETENCIAS DEL LÍDER	27
6.	LAS MUJERES COMO LIDERES	33

TERCERA PARTE: LOS SEGUIDORES

7.	EL RECONOCIMIENTO DE LA IMPORTANCIA DE LOS SEGUIDORES	39
8.	EL PODER DEL LÍDER Y DE LOS SEGUIDORES	41
9.	EL LIDERAZGO TRANSFORMACIONAL	43
10.	EL LIDERAZGO DEL SIRVIENTE	51
11.	EL LIDERAZGO COMPARTIDO	53

CUARTA PARTE: EL CONTEXTO

12.	LA INFLUENCIA DEL CONTEXTO	59
13.	LA INTEGRACIÓN DE LAS TEORÍAS DE LIDERAZGO	61

QUINTA PARTE: EL DESARROLLO DE LOS LIDERES

14.	EL DESARROLLO DE LOS LIDERES	67
REFERENCIAS		73

PRIMERA PARTE:
LA EVOLUCIÓN DEL CONCEPTO DE LIDERAZGO

1. LA EVOLUCIÓN DEL CONCEPTO DE LIDERAZGO

En la historia de la humanidad ha habido siempre interés por la reflexión sobre el liderazgo y durante muchos siglos esa inquietud estuvo centrada en la persona del líder.

Desde la antigüedad, se miró el liderazgo como el conjunto de habilidades de un individuo que le permitían influir sobre los demás. Aunque, como veremos más adelante, la noción de liderazgo ha cambiado mucho en las últimas décadas, ésta sigue siendo una de las acepciones usuales del término.

Las hazañas de los grandes faraones egipcios, entre los que destacó Ramsés II, y de los emperadores persas, Ciro y Darío, fueron admiradas por sus contemporáneos y consideradas como el resultado de unas cualidades personales excepcionales de estos líderes.

En los escritos de Platón sobre el gobierno ideal, a comienzos del siglo IV a. C., están implícitas sus opiniones sobre el liderazgo, que se pueden resumir en una frase suya que nos puede sonar hoy algo dura: "El sabio debe liderar y mandar y el ignorante debe seguir" (Takala, 1998). Es decir, según Platón, unos hombres están hechos para ser líderes, por sus cualidades personales, y otros para ser seguidores, por carecer de esas cualidades.

Continuando con una especie de culto a los héroes, a fines del siglo I de nuestra era Plutarco inició una tradición, que continúa hasta el presente, de estudiar las vidas de grandes líderes o personajes para extraer de ellas importantes enseñanzas. En sus "Vidas Paralelas", Plutarco presentó, entre otras, sus biografías de Alejandro Magno y Julio César, dos de los más grandes líderes militares y políticos de todos los tiempos (Plutarco, circa 100/ 2010). Más que narrar los acontecimientos políticos de la época, Plutarco se interesó por el carácter moral de los personajes, para revelar su naturaleza.

Alejandro Magno y Julio César fueron guerreros y conquistadores y serían los prototipos de líderes por muchos siglos. Todavía se les reconoce como dos de los más grandes líderes en la historia de la humanidad. La ambición, el carácter y el valor pasaron entonces a ser consideradas como las características principales de los líderes, por encima de la prudencia, la virtud y la sabiduría, valoradas por los pensadores chinos y griegos antiguos.

En tiempos recientes se han apreciado más los líderes con visión y coraje para superar las crisis. Algunos de los grandes líderes contemporáneos que han sido objeto de buenas biografías han sido: Abraham Lincoln (Thomas y Burlingame, 2008), Mahatma Gandhi (Fischer, 2010), Winston Churchill (Johnson, 2009) y Nelson Mandela (Meredith, 2011).

Existen también biografías de los grandes líderes empresariales, como John D. Rockefeller, Henry Ford, Alfred Sloan, Sam Walton, Jack

Welch, A.G. Lafley, Steve Jobs y Bill Gates. Analizando sus biografías, Silva (2014b) encontró que, a pesar de las diferencias entre ellos, estos líderes empresariales tienen en común que manifestaron su talento a muy temprana edad, sabían lo que querían hacer en sus vidas y trabajaron con mucha tenacidad para lograrlo, demostraron grandes habilidades administrativas y visión de negocio, poseían personalidades fuertes, se dedicaron con pasión a lo que hacían, se rodearon de la mejor gente que pudieron, no tuvieron miedo de cometer errores y más bien aprendieron de ellos y fueron muy creativos e innovadores.

Thomas Carlyle, un historiador y escritor escocés, propuso, a mediados del siglo XIX, su teoría del héroe o del "gran hombre" (Carlyle, 1841). Carlyle, estudiando la vida de grandes personajes, concluyó que los héroes o líderes eran personas excepcionales, grandes hombres escogidos por el destino, que debían mandar y los demás debían obedecerles para que las sociedades fuesen exitosas. Para Carlyle, el coraje, la nobleza, el orgullo y el derecho a mandar son las principales características de los héroes o líderes. Su heroísmo radica en su energía creativa para enfrentar las dificultades y no en su perfección moral. Esta teoría, aunque superada en los tiempos más recientes, tuvo gran influencia en el pensamiento de la segunda mitad del siglo XIX.

En el siglo XX se inició lo que podemos llamar propiamente la investigación sobre el liderazgo. Esta investigación se orientó inicialmente, como era natural, a profundizar en el estudio de las cualidades de los líderes. Surgió así la teoría de los rasgos de los líderes y también el concepto de estilos de liderazgo, junto con la preocupación por descubrir las formas más efectivas de comportamiento de los líderes. Pero, gradualmente, fue desarrollándose la idea de que en el liderazgo no sólo intervenían los líderes sino también los seguidores. Los investigadores empezaron a reconocer que, para ser exitosos, los líderes debían ajustar su estilo y su comportamiento a las características de los seguidores. Danserau, Graen y Haga (1975) y Graen y Cashman (1975) formularon la teoría de intercambio líder- seguidores, con la cual se formalizó la consideración de los seguidores en el proceso de liderazgo y se entendió este como una relación de doble vía entre el líder y los seguidores.

Ya en el presente siglo, varios investigadores, entre ellos Avolio (2007), Nye (2008), Javidan et al. (2010) y Kellerman (2014), destacaron la influencia del contexto en el proceso de liderazgo. Aunque esa influencia siempre ha existido, ya que el contexto determina la necesidad del liderazgo y lo condiciona, no es sino en esas fechas tan recientes que esa realidad se ha reconocido con suficiente claridad. Kellerman (2014) afirmó incluso que no sólo el líder, los seguidores y el contexto son componentes del liderazgo, sino que los tres factores tienen igual grado de importancia.

Vemos entonces como de una sola perspectiva, la del líder, el concepto de liderazgo ha evolucionado para incluir las perspectivas de los seguidores y del contexto. En los capítulos siguientes analizaremos con más detalle cada una de esas perspectivas.

SEGUNDA PARTE:
EL LÍDER

2. LOS RASGOS DEL LIDERAZGO

Bajo la suposición de que los líderes son personas con cualidades excepcionales, Cowley (1931) inició una corriente de investigación para tratar de determinar los rasgos de personalidad propios de los líderes.

Estos estudios partían de la idea de que los líderes no sólo poseen rasgos comunes, sino que estos rasgos son distintos a los de aquellas personas que no son líderes. De esa manera, si se lograba definir esos rasgos propios del liderazgo sería posible identificar individuos con potencial de liderazgo y desarrollarlos para que dirigiesen el ejército y las demás organizaciones.

Después de la Segunda Guerra Mundial, Jenkins (1947) y Stogdill (1948) consideraron necesario efectuar una revisión de los resultados de esos estudios, para determinar su utilidad. La revisión de Stogdill, en particular, se basó en más de 100 artículos escritos sobre el enfoque o teoría de los rasgos y concluye en una sentencia condenatoria: "Una persona no llega a ser líder por virtud de la posesión de alguna combinación de rasgos".

A pesar de esas críticas, los estudios sobre los rasgos de liderazgo continuaron durante la segunda mitad del siglo XX. Hoy día este enfoque está prácticamente en desuso, debido a que se ha comprobado que los líderes no poseen rasgos de personalidad distintos de los rasgos de personas que no son líderes e incluso entre aquellos que son líderes es difícil determinar rasgos comunes, que estén presentes en todos ellos. Sin embargo, se acepta que los líderes suelen presentar algunos rasgos de personalidad (inteligencia, auto estima, coraje) que, aunque no son exclusivos de los líderes, si representan características convenientes para el ejercicio de su rol.

Un aspecto de la personalidad que recientemente ha llamado la atención de algunos investigadores sobre liderazgo es el narcisismo, la admiración excesiva que alguien siente por sí mismo, considerado un atributo de muchos líderes poderosos (Rosenthal y Pittinsky, 2006). El liderazgo narcisista ha sido asociado al liderazgo carismático y, por consiguiente, al liderazgo transformacional, teorías que analizaremos más adelante. De Vries y Engellman (2010) han llegado a afirmar que el narcisismo está en el corazón del liderazgo y que una dosis sólida de narcisismo es necesaria para cualquiera que aspira a llegar al tope de una organización.

3. LOS ESTILOS DE LIDERAZGO

En una dirección distinta de los rasgos del liderazgo, algunos investigadores encontraron mayor interés en estudiar los estilos de liderazgo, con el objeto de tratar de encontrar los estilos más efectivos.

Los estilos de liderazgo pueden definirse como modos o formas características de actuar o de ser de los líderes. Según Simpson (2012), los estilos de liderazgo se relacionan con comportamientos específicos de los líderes, influenciados por los intereses y la personalidad de los líderes y su relación e interacción con sus seguidores o colaboradores.

El psicólogo germano- americano Kurt Lewin, usualmente reconocido como el padre de la psicología social, fue también el pionero en los estudios sobre estilos de liderazgo, realizando experimentos con grupos de niños, en la Universidad de Iowa, sobre estilos autocráticos y democráticos de liderazgo (Lewin y Lippet, 1938).

Decepcionados por la incapacidad de la teoría de los rasgos de explicar adecuadamente el fenómeno del liderazgo, después de la Segunda Guerra Mundial las investigaciones se apoyaron en los estudios previos sobre los estilos de liderazgo, iniciados por Lewin, y se orientaron a tratar de encontrar formas efectivas de comportamiento de los líderes.

Los estudios sobre el comportamiento de los líderes se llevaron a cabo principalmente en la Universidad del Estado de Ohio y en la Universidad de Michigan. Los resultados de esos estudios fueron publicados posteriormente por Hemphill y Coons (1957), en el caso de Ohio, y por Bowers y Seashore (1966), en el caso de Michigan. Como producto de esas investigaciones, destacó una importante distinción entre liderazgo centrado en el empleado y liderazgo centrado en la tarea, en un intento por explicar la diferencia en el comportamiento de los supervisores efectivos e inefectivos.

Apoyados en la distinción entre liderazgo centrado en el empleado y liderazgo centrado en la tarea, Blake y Mouton (1985), de la Universidad de Texas, propusieron su teoría de la malla del liderazgo ("leadership grid"), mostrando distintas opciones de relación entre la preocupación por los resultados y la preocupación por la gente.

Fiedler y sus colaboradores en la Universidad de Washington se apoyaron en los estudios previos sobre estilos y comportamiento de liderazgo, pero vieron la necesidad de estudiar el ajuste entre el estilo de liderazgo y la situación organizacional. Como resultado de sus investigaciones, presentaron su modelo de contingencia del liderazgo (Fiedler, 1954), que al igual que otros modelos de liderazgo se apoya en los conceptos de orientación a los resultados y orientación a la gente.

Otros modelos de contingencia que fueron desarrollados posteriormente son los siguientes:

- La teoría de trayectoria- meta del liderazgo (Evans, 1970), que se enfoca en los medios que debe desarrollar el líder para incrementar la motivación de los empleados con objeto de que satisfagan sus metas personales y las de la organización
- La teoría situacional de Hersey y Blanchard (1982), que es una extensión de la "malla de liderazgo" y se enfoca en las características de los seguidores como un elemento importante de la situación
- El modelo de contingencia de Vroom y Jago (1988), que se enfoca en el estilo de participación del líder de acuerdo con la situación.

Lorsch (2010) defendió la vigencia de la teoría de contingencia del liderazgo y en particular de las ideas de Fiedler, tanto en lo que se refiere a la relación entre la situación y el estilo de liderazgo apropiado, como de la influencia que tienen en este proceso factores contingentes como la relación del líder con sus subordinados y el poder del líder y el argumento de Fiedler de que en lugar de exigir al líder que cambie de estilo de acuerdo con la situación es más fácil seleccionar el líder cuyo estilo se ajuste mejor a la situación dada.

En paralelo a esos avances, McGregor (1960) procuró explicar las diferencias en estilos de liderazgo, con base en su experiencia como gerente y consultor y su formación como psicólogo. McGregor estableció dos teorías o estilos diferentes de liderazgo: teoría X y teoría Y. La teoría X supone el interés del líder por el dominio y el control sobre la organización, basado en una visión pesimista de las actitudes de los empleados, mientras que la teoría Y supone un estilo más democrático y participativo, basado en la idea de que los empleados quieren asumir la responsabilidad y llevar a cabo un trabajo importante.

Por su parte, Bennis (1961) inició su larga carrera como investigador, profesor y autor de artículos y libros sobre liderazgo, con una teoría revisionista de los conceptos de liderazgo propuestos hasta esa fecha. Bennis desafió las creencias prevalecientes afirmando que los líderes humanísticos, con estilo democrático, están mejor preparados para tratar con la complejidad y el cambio que caracterizan el ambiente del liderazgo.

No todos los autores están de acuerdo con la importancia del estilo para la efectividad de los líderes. Kotter (1999) afirmó que es obvio que se requiere un nuevo estilo para enfrentar una nueva situación, como la que se ha creado en el mundo a raíz de la globalización, pero: "La clave no está en el estilo. La clave está en la sustancia. En algo que tiene que ver con la forma básica de trabajar, no con las apariencias o las tácticas, sino con esa esencia que cambia poco con el tiempo, no importa la diferencia de culturas, o de industrias".

4. LOS VALORES DEL LÍDER

Los valores son cualidades o virtudes que hacen que una persona sea apreciada. El coraje o valentía, la perseverancia, el respeto y la integridad son algunos de los valores más estimados en un ser humano.

Desde la antigüedad, se ha pensado que los líderes deben poseer valores que hagan que las demás personas los admiren. Confucio (475 a. C./ 2001) describió los principios que debe seguir un príncipe o líder político y afirmó que este debe ser virtuoso, para que sus súbditos imiten su ejemplo y la sociedad prospere.

Aunque la preocupación por la perfección moral de los líderes siempre ha existido, es en este siglo que ha adquirido mayor interés por parte de los investigadores sobre liderazgo, en buena medida como respuesta a las deficiencias morales y éticas de muchos líderes pragmáticos. Conceptos como el liderazgo del sirviente, liderazgo ético, liderazgo auténtico, liderazgo responsable, liderazgo espiritual, etc., han sido desarrollados sobre todo en las dos últimas décadas para expresar la necesidad de un comportamiento moral por parte de los líderes. No obstante, la conducta de los líderes, según autores como Pfeffer (2015), continúa apartándose mucho de esos ideales, e incluso para otros autores, siguiendo las doctrinas expuestas por Maquiavelo y Carlyle, lo importante es que el líder sea eficaz y no que sea moralmente perfecto.

Un reclamo importante de la sociedad hacia sus líderes, en casi todos los ámbitos, es la falta de un comportamiento ético. En consecuencia, cada vez se exige más a los líderes que demuestren un comportamiento basado en la verdad y la honestidad.

Bergman (1996), en ese momento un teniente coronel de la Fuerza Aérea de los Estados Unidos, afirmó que, en la profesión de las armas, el desafío del liderazgo en este siglo es reforzar los principios y el comportamiento ético. El reto para un líder de la Fuerza Aérea, según este oficial, es ser alguien en el que el pueblo de los Estados Unidos pueda confiar. Eso mismo puede decirse de cualquier líder, en cualquier país y en cualquier campo de actividad.

Todos estamos de acuerdo con estas ideas, pero: ¿Hasta qué punto realmente está emergiendo una práctica de liderazgo ético? Es difícil responder esta pregunta con precisión, pero lo cierto es que el liderazgo ético todavía parece una necesidad y una aspiración más que una realidad. Un obstáculo importante para esta transformación es que la misma sociedad que exige un comportamiento más ético de sus líderes admira y aprecia a aquellas personas que han triunfado en los negocios y en cualquier otro campo de actividad sin preocuparse mucho sobre cómo han logrado ese triunfo e incluso dejando de reprobar con firmeza el uso de métodos claramente no éticos en muchos de esos "triunfadores". Pfeffer (2015) afirmó que una de las razones por las que los líderes mienten, son poco confiables y manifiestan otras formas de comportamiento no ético es que pocas veces enfrentan serias consecuencias por hacerlo. Esta incoherencia de la sociedad, por supuesto, no facilita el desarrollo de una práctica emergente de liderazgo ético, pero no por ello deja de ser una necesidad importante de nuestro tiempo.

George (2011) analizando faltas éticas cometidas por líderes prominentes en diversos campos de actividad, consideró que esos líderes no necesariamente son malas personas, simplemente pierden sus resortes morales, con frecuencia por ceder a las seducciones en sus trayectorias. Pocos líderes comienzan sus carreras en busca de dinero, poder y prestigio; sin embargo, a lo largo del camino son seducidos por estos factores. En muchas ocasiones sienten la necesidad de parecer perfectos, son incapaces de reconocer sus propias fallas y comienzan a comportarse como impostores. George admitió que es difícil ser siempre fieles a sus valores y principios y por eso los líderes deben apoyarse en su entorno inmediato (esposa o esposo, amigos) para que lo ayuden a mantenerse centrado.

Mendenhall et al (2013) afirmaron que la toma de decisiones éticas requiere la capacidad de ver las cosas desde una perspectiva más amplia, utilizar el pensamiento sistémico y considerar las implicaciones de las acciones individuales y organizacionales para todas las partes que pueden estar afectadas.

Aunque es lógico que las personas esperen un comportamiento ético de sus líderes, es necesario reconocer que los líderes no pueden ser moralmente perfectos y quizás tampoco hace falta que lo sean. Por supuesto, tampoco se puede ir al otro extremo y pensar que lo importante es que los líderes sean efectivos, independientemente de su comportamiento ético. Por ejemplo, Maquiavelo (1513/ 2004) sostuvo que un líder tiene que hacer lo que sea necesario por el bien de su país, incluso realizando actos que puedan ser considerados cuestionables desde un punto de vista estrictamente moral, pero indudablemente este modo de pensar puede conducir y ha conducido a excesos indeseables. En todo caso, Levine y Boaks (2014) advirtieron que se debe tener cuidado en no confundir liderazgo con ética; en particular, mencionan, es necesario reconocer que un líder bueno, desde el punto de vista ético, no necesariamente es un buen líder por esa sola cualidad.

Bass y Steidlmeier (1999) propusieron el concepto de liderazgo auténtico a fines del siglo pasado, como sinónimo del liderazgo ético. Sin embargo, en este siglo, el liderazgo auténtico se ha ido entendiendo de una manera diferente al liderazgo ético.

George et al (2011) afirmaron que un líder auténtico es aquél que actúa como quien es, sin tratar de imitar a nadie. Esto no quiere decir que un líder auténtico no deba aprender de las experiencias de otros, pero sí que no debe tratar de emularlos. Según estos autores, para convertirse en líderes auténticos las personas deben:

- Aprender de su historia de vida, particularmente de las experiencias más difíciles
- Conocer su auténtico ser (autoconocimiento)

- Practicar sus valores y principios, especialmente poniéndolos a prueba en situaciones bajo presión
- Equilibrar sus motivaciones extrínsecas (recompensas o reconocimiento externo) e intrínsecas (valores internos)
- Formar su equipo de apoyo, que les proporcione validación, consejo, perspectiva y los llame a corregir el rumbo cuando sea necesario
- Llevar una vida equilibrada (ser la misma persona en el trabajo, la familia, la comunidad en la que viven y con sus amigos)
- Facultar a las personas para liderar

Ibarra (2015a) advirtió que la autenticidad puede ser entendida de tres maneras diferentes: ser fiel a uno mismo; mantener estricta coherencia entre lo que uno siente y lo que uno dice o hace; y tomar decisiones con base en valores. En cualquiera de esas perspectivas, el líder puede encontrar dificultades para ser auténtico en un mundo multicultural; ser uno mismo implica actuar conforme a la cultura en la que uno ha vivido y esto puede generar rechazo en personas de otras culturas. Ibarra sugiere, para superar este inconveniente: aprender de diversos modelos de roles; trabajar para ser mejor; y no apegarse demasiado a su "propia historia".

Pfeffer (2015) se mostró muy crítico de la idea del liderazgo auténtico y, en general, de todos los intentos por sugerir cualidades deseables en un líder que son frecuentemente inconsistentes con el comportamiento de la mayoría de los líderes reales. En particular, Pfeffer sostuvo que "ser auténtico es en gran medida lo opuesto de lo que líderes deben hacer. Los líderes no necesitan ser fieles a sí mismos. Por el contrario, lo que necesitan los líderes es ser fieles a lo que la situación y aquellos alrededor de ellos quieren y necesitan de ellos". Este autor afirmó también que una de las habilidades más importantes de los líderes es la de montar un "show"; es decir, actuar como un líder, de manera de inspirar confianza y ganar apoyo.

Al catálogo de teorías o enfoques relacionados con el liderazgo basado en valores, Fry (2003) agregó el concepto de liderazgo espiritual. Inspirado en principios religiosos, Fry sostuvo la necesidad del liderazgo espiritual para la transformación y el éxito continuado de las organizaciones y lo definió como la motivación de los seguidores basada en la visión, el amor altruista y la fe y la esperanza. Según este autor, los valores de humildad, caridad y veracidad deben guiar la conducta de los líderes. Fry continuó desarrollando el concepto de liderazgo espiritual y lo asoció con otros conceptos, como la responsabilidad social corporativa (Fry y Slocum, 2008), pero sigue siendo una idea que no parece tener mucho eco en el ámbito académico.

Un enfoque relativamente nuevo en los estudios de liderazgo es el de "liderazgo responsable", relacionado en buena medida con el liderazgo ético. Aunque se han propuesto distintas definiciones de liderazgo responsable, se entiende generalmente que este concepto se refiere a la toma de decisiones empresariales tomando en cuenta no solamente los intereses de los accionistas, sino también los de otros interesados, tales como los trabajadores, los clientes, el ambiente, la comunidad y las generaciones futuras.

Waldman y Balden (2014) advirtieron que el enfoque de liderazgo responsable plantea la dificultad, para los líderes, de satisfacer las inquietudes de todos los interesados, pero sostienen que es posible beneficiar simultáneamente a un grupo grande de interesados.

Pfeffer (2015) reiteró que "se espera que los líderes sean virtuosos y responsables, de manera que los miembros de la organización puedan confiar en ellos para que los protejan y se preocupen de sus intereses, pero pocos líderes reúnen esos requisitos".

5. LAS COMPETENCIAS DEL LÍDER

Las competencias de liderazgo son las capacidades o aptitudes que se espera que posea un líder para llevar a cabo su trabajo con efectividad.

Sun Tzu (circa 500 a. C./ 2001), al describir la estrategia que debe seguir un líder militar, sugirió que este debe ser sereno e inescrutable y debe sorprender al enemigo con acciones inesperadas, aunque también se mostró partidario de la diplomacia y del cultivo de las relaciones con otras naciones como esenciales para la salud de un país. Es decir, para Sun Tzu, la sagacidad y las habilidades diplomáticas son competencias esenciales de un líder.

Por su parte, Platón, como ya hemos comentado, sostuvo que la sabiduría es la competencia esencial que debe poseer un líder (Takala, 1998).

A lo largo de la historia se han ido sugiriendo muchas otras competencias de liderazgo (asertividad, comunicación, creatividad, empatía, inteligencia emocional, persuasión, sentido del humor, valentía, visión estratégica, etc.). Si bien todas esas competencias pueden ser útiles, aunque es poco probable que ningún ser humano las posea en grado superlativo, en el mundo actual se puede sugerir que las competencias más importantes que debe poseer un líder son la capacidad para manejar las crisis y hacer frente a la complejidad, así como el pensamiento integrador.

Una crisis es una situación dificultosa o complicada, que si no se resuelve o se resuelve mal puede tratar consecuencias negativas importantes para el mundo, para un país o para una organización. Las crisis suelen caracterizarse por ser problemas inesperados, de evolución impredecible, que generan mucha angustia y ansiedad entre todos aquellos que se sienten afectados. En todas las épocas ha habido crisis, de diferente alcance e intensidad. En el siglo XX, se vivieron varias crisis importantes, entre ellas la Primera Guerra Mundial, la crisis financiera de fines de la década de 1920, la Segunda Guerra Mundial y la Guerra Fría entre la Unión Soviética y los Estados Unidos. En todas ellas hizo falta líderes que las enfrentasen con mucho coraje y decisión y procurasen la solución más conveniente.

En los tiempos actuales, aparte de una crisis ética, están las crisis destacadas por Scharmer y Kaufer (2013): colapso financiero, cambio climático, agotamiento de los recursos naturales y brecha creciente entre ricos y pobres. A estos factores pueden agregarse los múltiples conflictos políticos y religiosos en el Medio Oriente, así como otros conflictos regionales importantes, sobre todo en Asia y África. La solución de estos graves problemas compete a los principales líderes políticos mundiales, pero muchas organizaciones, particularmente las organizaciones globales, están afectadas por las consecuencias de estos conflictos y sus líderes deben enfrentarlas también de manera adecuada.

Los ejemplos de grandes líderes, como Lincoln, Gandhi, Churchill y Mandela, demuestran que al enfrentar coyunturas difíciles los grandes líderes deben:

- Saber interpretar la situación
- Imaginar un futuro distinto
- Asumir el liderazgo
- Sacrificarlo todo para lograr el propósito deseado

James y Wooten (2005) identificaron cinco competencias de liderazgo que facilitan la reestructuración de la organización durante y después de una crisis:

- Construir un ambiente de confianza
- Reformar la mentalidad de la organización
- Identificar las vulnerabilidades de la organización
- Tomar decisiones acertadas y rápidas, así como adoptar medidas valientes
- Aprender de la crisis para determinar el cambio necesario

George (2009) mencionó siete lecciones que pueden aprenderse de líderes empresariales que han logrado enfrentar tormentas económicas y sobrevivir las crisis:

- Enfrente la realidad, empezando por usted mismo
- No trate de ser Atlas; quítese el mundo de sus hombros
- Explore profundo para encontrar la causa primaria
- Prepárese para un esfuerzo prolongado

- Entienda que usted está en el punto de mira; siga su norte verdadero, sus propios valores y principios
- Vaya a la ofensiva; concéntrese en ganar ahora

Aunque aparentemente distintas, todas estas lecciones convergen en que para el manejo eficiente de una crisis el líder debe entender bien la situación, visualizar la solución y dedicarse a ella con todo su esfuerzo, actuando con autenticidad y determinación.

Aparte de la capacidad de manejo de crisis, los líderes deben ser capaces de lidiar con la complejidad del mundo actual.

Las organizaciones modernas, sobre todo las de carácter global, son muy complejas; es decir, están formadas de muchas partes e interconexiones. Su funcionamiento se asemeja mucho al de una red. Por este motivo, la teoría de la complejidad ha sido aplicada para tratar de entender cómo los líderes pueden tratar con esas organizaciones complejas (Heifetz y Laurie, 2001).

Los sistemas complejos, para funcionar adecuadamente, deben tratar de adaptarse a su entorno. Por esta misma razón, sus líderes deben poseer una alta capacidad de adaptación a las circunstancias y realidades que enfrentan. Bennis y Thomas (2002) afirmaron que la principal habilidad que debe poseer un gran líder es su capacidad de adaptación; es decir, la creatividad aplicada a la toma de decisiones en un contexto difícil e inesperado.

En ese mismo orden de ideas, Gitsham y Peters (2009) sostuvieron que el manejo de la complejidad requiere:
- Flexibilidad y respuesta al cambio
- Creatividad, innovación y búsqueda de soluciones originales a la solución de los problemas
- Aprendizaje de los errores
- Balance entre las consideraciones de corto y largo plazo

La capacidad de adaptación ha sugerido el empleo del término "liderazgo adaptable" en el ámbito empresarial (Heifetz, Grashow y Linsky, 2009). Este término también es utilizado en el campo militar, relacionado con la necesidad de adaptar las acciones de mando a la situación, particularmente cuando esta tiene características imprevistas y no resultan aplicables los procedimientos establecidos.

Useem (2010) afirmó que el liderazgo adaptable se basa en los siguientes principios:
- Crear un enlace personal es esencial para liderar gente en tiempos difíciles
- Tomar decisiones buenas y oportunas es el punto central o más importante de la responsabilidad en una posición de liderazgo
- Establecer un propósito común, apoyar a los que ayudan a lograrlo y descartar el beneficio personal
- Definir los objetivos con claridad, evitando supervisar de manera estrecha a los que tienen que ejecutar acciones para lograrlos

Los líderes también deben desarrollar competencias de pensamiento que les faciliten analizar las situaciones que enfrentan y tomar decisiones acertadas.

La psicología cognitiva es la rama de la psicología que se ocupa del estudio de los procesos mentales implicados en el conocimiento. Su aplicación al estudio del liderazgo supone un enfoque orientado a explicar cómo los líderes y los seguidores piensan y procesan información.

Martin (2007) entrevistó más de 50 líderes empresariales exitosos y descubrió que la mayoría son pensadores integradores; es decir, pueden mantener en sus mentes dos ideas opuestas al mismo tiempo y generar una idea nueva que contiene elementos de cada una de ellas, pero es superior a ambas. Según Martin, los pensadores integradores siguen el siguiente proceso de toma de decisiones:

- Determinan los factores relevantes del problema, más allá de los obvios
- Consideran relaciones multidireccionales y no lineales entre las variables, no solo las lineales
- Ven el problema como un todo, examinando cómo las partes encajan entre sí y cómo las decisiones se afectan unas a otras
- Resuelven creativamente las tensiones entre ideas opuestas y generan nuevas alternativas

6. LAS MUJERES COMO LIDERES

Aunque las mujeres ocupan ya la mitad de los puestos de trabajo en muchos países, todavía son muy pocas las que realmente ocupan posiciones de liderazgo. Por ejemplo, de las empresas de la lista Fortune 500 apenas alrededor de 5 % tienen mujeres como CEO (presidente ejecutivo). Esta situación ha generado interés por averiguar si existen diferencias entre las mujeres y los hombres como líderes; es decir, si hay razones para pensar que los hombres pueden ser mejores líderes que las mujeres.

Rosener (1990) afirmó que las mujeres lideran de manera diferente a los hombres. En general, estimulan la participación y comparten poder e información, en lugar del estilo de mando y control más frecuente en los hombres líderes. Este estilo no tradicional de liderazgo puede ser efectivo si las organizaciones lo aceptan; es decir, el "mejor" estilo de liderazgo depende del contexto organizacional.

Javidan, Bullough y Dibble (2016), analizando más de 1000 líderes de 74 países, encontraron que las mujeres muestran perfiles de liderazgo global más fuertes en relación con la pasión por la diversidad, la empatía intercultural y la diplomacia, mientras que los hombres destacan en la percepción de los negocios globales, la visión cosmopolita y el impacto interpersonal.

Ely y Rhode (2010) afirmaron que varios estudios sugieren que las mujeres son mejores líderes transformacionales que los hombres, especialmente por el apoyo que les dan a sus subordinados. Sin embargo, existen barreras estructurales y obstáculos actitudinales que dificultan a las mujeres el acceso a posiciones de liderazgo.

Ely, Ibarra y Kolb (2011) advirtieron que en la mayoría de las culturas el prototipo de líder tiene características masculinas (decisivo, asertivo e independiente), mientras que la forma de actuar de las mujeres (amistosa, altruista, preocupada por cuidar de otros) no es conveniente para un rol de liderazgo. Estos prejuicios dificultan mucho el ascenso de las mujeres a posiciones de liderazgo en las organizaciones. Incluso si la mujer trata de comportarse como un hombre suele ser rechazada; por ejemplo, si trata de ser asertiva es vista como muy agresiva. Sin embargo, los autores sostienen que, mediante programas adecuados de desarrollo, que tomen en cuenta las dinámicas de género en sus organizaciones, se puede preparar a las mujeres para ocupar posiciones de liderazgo.

Ampliando estas ideas en un trabajo posterior, los mismos autores (Ibarra, Ely y Kolb, 2013) sostuvieron que simplemente señalar los prejuicios existentes puede ayudar a hombres y mujeres a entender lo que pasa; en particular, libera a las mujeres para enfocarse más en el liderazgo y menos en cómo ellas son percibidas.

Estudiando las carreras de los egresados de la Escuela de Negocios de Harvard, Ely, Stone y Ammerman (2014) encontraron que los hombres y las mujeres se inician con las mismas metas, pero luego las mujeres le asignan prioridad a su familia sobre el trabajo, ceden a la presión de sus esposos por tomar la carrera de ellos precedencia sobre la de ellas y, como resultado, terminan menos satisfechas con sus carreras y con la compatibilidad del trabajo y la familia. El estudio revela que esta situación no está cambiando en las nuevas generaciones y recomienda que las empresas deben hacer más por identificar y eliminar las barreras que impiden el ascenso de las mujeres, con el objeto de retener y desarrollar a las que poseen alto potencial.

Pfeffer (2015) sugirió que quizás el hecho de que las mujeres sean, en general, más modestas y humildes y menos narcisistas que los hombres, en parte debido a su rol de género y expectativas culturales, puede explicar los peores resultados que muestran en sus carreras profesionales.

TERCERA PARTE:
LOS SEGUIDORES

7. EL RECONOCIMIENTO DE LA IMPORTANCIA DE LOS SEGUIDORES

Como lo hemos mencionado, en la segunda mitad del siglo XX las investigaciones sobre liderazgo fueron reconociendo gradualmente la importancia de los seguidores en el proceso de liderazgo. El surgimiento de la teoría de intercambio líder- seguidores, propuesta por Danserau, Graen y Haga (1975) y Graen y Cashman (1975), fue un hito importante en esta evolución. Para los investigadores de esta escuela, entre ellos Liden et al (1993), el liderazgo ocurre cuando líderes y seguidores son capaces de desarrollar relaciones efectivas que resultan en una influencia mutua y progresiva.

Burns (1978) insistió en que los estudios de liderazgo debían enfocarse no tanto en el líder como individuo sino en la relación entre el líder y los seguidores.

Como bien lo afirmó Grint (2010), no importa cuántas competencias personales posea una persona, si no tiene seguidores no puede ser un líder, e incluso aunque en una situación se pueda identificar claramente al líder, muchas veces es difícil determinar si las acciones del líder condujeron directamente a los resultados o si estos fueron el producto de la interacción entre líder y seguidores en un contexto dado. Por estas razones, el foco ha ido cambiando del "líder" al "liderazgo"; es decir, a un fenómeno social en lugar de una persona.

Nye (2008) sostuvo que líderes y seguidores intercambian roles en diferentes situaciones y tanto los objetivos como las iniciativas pueden originarse entre los seguidores. Para este autor, los buenos seguidores son aquellos que tienen la capacidad de pensar por sí mismos y, aun siendo leales, están dispuestos a criticar y a corregir a sus líderes.

Kellerman (2012) afirmó que los seguidores han ido ganando importancia frente a los líderes y ya no están dispuestos a hacer sin discusión lo que los líderes les digan que hagan. Esta autora sostuvo que, en el curso de la historia de la humanidad, el poder y la influencia han ido transfiriéndose de arriba hacia abajo.

8. EL PODER DEL LÍDER Y DE LOS SEGUIDORES

El liderazgo es una relación de poder, entendiendo el poder como la capacidad de una persona de influir sobre otras. El poder de un líder puede basarse en la autoridad, como en un jefe militar o empresarial, en la fuerza y el temor, como en un dictador o líder autocrático, o en la persuasión, como en un líder político democrático.

Chatman y Kennedy (2010) analizaron las bases psicológicas de la influencia de los líderes y concluyeron que, aunque hay mucha evidencia de los aportes que la psicología puede hacer al estudio del liderazgo, el liderazgo es en gran medida la construcción de significado para otros y la trayectoria especifica que debe seguir un líder para influir en otros es difícil de especificar. En todo caso, el liderazgo es, en gran medida, un fenómeno perceptual; los seguidores observan las palabras y las acciones de sus superiores y hacen inferencias sobre los motivos de estos.

Maquiavelo fue uno de los primeros autores en escribir sobre la adquisición y uso del poder por parte de los líderes. En "El Príncipe", Maquiavelo analizó con pragmatismo el comportamiento que debe tener un gobernante o líder político para tener éxito (Maquiavelo, 1513/2004).

Kotter (1979) y Pfeffer (1981) son dos autores contemporáneos que se han interesado por revivir el interés en el liderazgo como ejercicio del poder en las organizaciones. Kotter mostró cómo el líder puede desarrollar suficientes recursos de poder e influencia "no oficiales" para lograr el apoyo que necesita de sus subordinados, colegas y superiores. Pfeffer afirmó que debemos dejar de mirar el mundo como un lugar justo e imparcial y desarrollar activamente las cualidades necesarias para adquirir y utilizar el poder.

Nye (2010) sostuvo que poder y liderazgo son inseparables y los líderes deben aprender las diferentes condiciones en las cuales combinar recursos de poder duros (premios y castigos) y blandos (persuasión) para un uso inteligente del poder.

Pero, como lo hemos mencionado, Kellerman (2012) afirmó que el balance de poder ha ido cambiando, reduciéndose el poder del líder ante el poder de los seguidores. El líder, para sostenerse, debe ser capaz de influir en sus seguidores, pero a la vez debe dejarse influenciar por ellos. Si los seguidores perciben que el líder no responde a sus intereses, le retirarán su apoyo y este dejará de ser su líder.

9. EL LIDERAZGO TRANSFORMACIONAL

Burns (1978), historiador, politólogo y autor de biografías de Franklin D. Roosevelt, John F. Kennedy y Edward M. Kennedy, efectuando una revisión de los estudios sobre liderazgo y de las vidas de grandes líderes históricos identificó dos tipos generales o modelos de liderazgo: el liderazgo transaccional y el liderazgo transformador o transformacional. Al introducir el concepto de liderazgo transformacional, Burns inició uno de los enfoques sobre liderazgo que mantiene más vigencia en la actualidad.

De acuerdo con Daft (2008), el liderazgo transformacional se caracteriza por la capacidad para provocar cambios significativos tanto en los seguidores como en la organización.

Bracho y García (2013) afirmaron que: "el liderazgo transformacional implica convertir a los colaboradores en personas creativas, motivadas al logro, comprometidas e identificadas con la organización, además de inspirar en sus seguidores la participación, pensar en colectivo, esforzándose en alcanzar metas significativas, en pro de la misión y visión de la empresa".

Según Fernández (2017), "el líder transformacional, estimula la creatividad de sus miembros, crea vínculos emocionales, logra la fidelidad y el compromiso con la misión, visión, valores de la organización, pero, además, está orientado a la transformación de la realidad hacia una visualización de innovación y mejoras. Es realmente un liderazgo inspirador".

Como hemos mencionado, el concepto de liderazgo transformacional fue propuesto por Burns (1978) para diferenciarlo del liderazgo transaccional. El liderazgo transaccional está caracterizado por un simple proceso de intercambio entre líderes y seguidores mientras que el liderazgo transformacional implica provocar un cambio en los seguidores.

Daft (2008) afirmó que el liderazgo transformacional difiere del liderazgo transaccional en cuatro áreas significativas:

- El liderazgo transformacional desarrolla a los seguidores para convertirlos en líderes
- El liderazgo transformacional eleva las preocupaciones de los seguidores de necesidades físicas de más bajo nivel (tales como la seguridad) a necesidades psicológicas de más alto nivel (tales como la auto estima)
- El liderazgo transformacional inspira a los seguidores para ir más allá de sus propios intereses por el bien del grupo
- El liderazgo transformacional presenta una visión de un estado futuro deseado y la comunica de manera que hace que valga la pena el esfuerzo de cambio

Nye (2008) sostuvo que los líderes transformacionales motivan a sus seguidores apelando a su interés personal, mientras que los líderes transaccionales recurren usualmente a premios y castigos.

A pesar de estas diferencias, Bass (1995) consideró que el liderazgo transformacional y el liderazgo transaccional no son dos opciones excluyentes, sino dos dimensiones diferentes del liderazgo. De acuerdo con su teoría, un líder puede adoptar simultáneamente comportamientos de liderazgo transformacional y transaccional. Por ejemplo, un líder puede inspirar, motivar y estimular intelectualmente a sus seguidores y, a la vez, ofrecerles recompensas por los resultados de la acción que pretende que lleven a cabo.

Bass (1995) identificó cuatro componentes del liderazgo transformacional:

- Influencia idealizada (carisma). Capacidad de convertirse en un modelo para sus seguidores, generando orgullo, lealtad, confianza y alineación alrededor de un propósito compartido.
- Inspiración. Capacidad de inspirar y motivar a sus seguidores para tratar de alcanzar metas ambiciosas y aumentando su confianza en la capacidad para alcanzarlas, aunque luzcan muy difíciles o imposibles.
- Consideración individualizada. Capacidad de proporcionar apoyo emocional y social a sus seguidores y desarrollarlos y delegarles poder mediante el asesoramiento personal y los consejos.
- Estimulación intelectual. Capacidad de retar intelectualmente a sus seguidores, estimulándolos a cuestionar sus creencias y estado actual para buscar soluciones innovadoras y creativas a los problemas.

Una herramienta importante para el desarrollo del enfoque de liderazgo transformacional ha sido el Cuestionario Multifactorial de Liderazgo (Bass, 1995; Avolio et al, 2004), que pretende medir el grado de liderazgo transformacional en un jefe, entrenador, maestro, líder de grupo, etc., evaluando los diferentes componentes mencionados.

Bracho y García (2013), revisando los trabajos de otros autores, concluyeron que el líder transformacional debe poseer las siguientes características personales:

- Carisma
- Creatividad
- Interactividad
- Visión
- Ética
- Orientación a las personas
- Coherencia

Adicionalmente, estos autores consideraron que el líder transformacional debe ser un escucha activo y un comunicador fuerte, debe estimular intelectualmente, motivar, inspirar y dar sentido de propósito a sus seguidores, ser tolerante con los errores de los demás y utilizar el sentido del humor.

Todas las características mencionadas, con excepción del carisma, son generalmente consideradas como deseables en cualquier líder por los distintos estudios realizados, aunque Pfeffer (2015) se mostró muy escéptico sobre la pertinencia de esas características o cualidades y sostiene que pocos líderes las poseen realmente. En todo caso, veamos a continuación porque hay cierta reserva con respecto al carisma.

Los líderes carismáticos, según Daft (2008), son aquellos que tienen la habilidad de inspirar y motivar a la gente a hacer más de lo que normalmente harían, a pesar de los obstáculos y el sacrificio personal. El liderazgo carismático ha sido asociado al liderazgo narcisista (Rosenthal y Pittinsky, 2006), aunque no todos los líderes carismáticos son narcisistas.

Ante el interés por este concepto o enfoque y su relación con el liderazgo transformacional, Pfeffer (2015) advirtió que el estudio del liderazgo carismático carece de una definición precisa del término y un entendimiento de los mecanismos psicológicos y de comportamiento por medio de los cuales el carisma supuestamente genera resultados.

En todo caso, como hemos mencionado, Bass (1995) ha identificado el carisma como uno de los componentes del liderazgo transformacional y Bracho y García (2013) lo consideraron como una característica personal del líder transformacional. Sin embargo, aunque no hay duda que cierto grado de carisma, o habilidad para generar entusiasmo, afecto e interés en los seguidores, es necesario para un líder transformacional, como se puede comprobar, por ejemplo, en los casos de Winston Churchill y Mahatma Gandhi, el carisma puede ser utilizado también para manipular a los seguidores, conduciéndolos de manera que puede resultar en algo negativo para sus vidas y organizaciones. El ejemplo de Adolfo Hitler suele ser citado como el de una persona con muy alto grado de carisma que terminó causando un grave daño no solo a sus propios seguidores sino a la humanidad entera.

En resumen, para que el líder tenga éxito, es decir para que logre una transformación verdadera y positiva de sus seguidores y de las organizaciones, hace falta que sus intenciones sean correctas y utilice su carisma para el bien de sus seguidores y no para manipularlos y engañarlos.

Distintos estudios han demostrado relaciones positivas y consistentes entre los comportamientos de liderazgo transformacional y el desempeño organizacional (Avolio y Yammarino, 2013). Fernández (2017) afirma que "el liderazgo transformacional es el enfoque que logra integrar las características del líder para enfrentar la complejidad del siglo XXI". Pareciera entonces no haber duda sobre que el liderazgo transformacional funciona, pero: ¿Por qué funciona?

La respuesta a esta pregunta no ha sido fácil de elaborar y muchos investigadores han sugerido distintos procesos mentales que pueden influir en el éxito del liderazgo transformacional. Revisando numerosos artículos sobre el tema, Boyett (2013) concluyó que el liderazgo transformacional funciona porque queremos que funcione, porque nos sentimos bien con respecto a nuestro futuro y con respecto a nosotros mismos cuando un líder transformacional nos convence que siguiéndolo a él podemos lograr lo que queremos: lograr un sentido de identidad y pertenencia, sentirnos bien acerca de nuestros esfuerzos y de nosotros mismos, lograr algo valioso en nuestras vidas, ver nuestro futuro como una extensión esperanzadora de nuestro pasado, hacer una diferencia, etc.

Los líderes transformacionales, según Boyett (2013), utilizan poderosas armas de influencia:

- Apelan a las emociones de sus seguidores y al respeto que ellos tienen a la autoridad
- Establecen con ellos una relación de reciprocidad (intercambio de favores)
- Son consistentes y evitan la disonancia cognitiva en sus seguidores (tensión o desarmonía interna en sus creencias e ideas)
- Inducen a sus seguidores a comportarse de una manera mostrándoles que les va a ir mejor comportándose así
- Ofrecen a sus seguidores explicaciones convincentes sobre lo que pasa, no necesariamente ciertas pero creíbles.

10. EL LIDERAZGO DEL SIRVIENTE

Desde épocas muy antiguas, se ha pensado que la efectividad del liderazgo depende de la capacidad del líder de servir y apoyar a sus seguidores.

Lao Tsé (circa 500 a. C./ 2008) es recordado como fundador del taoísmo y, en lo que respecta al liderazgo, por su famosa frase: "Un líder es mejor cuando la gente apenas sabe que existe. Cuando su trabajo esté hecho, su objetivo cumplido, ellos dirán: nosotros mismos lo hicimos".

Jesús, al reunirse con sus discípulos, poco antes de dirigirse a Jerusalén, donde sería crucificado, les dijo: "Ustedes saben que los dueños de las naciones se portan como dueños de ellas y que los poderosos las oprimen. Entre ustedes no será así; al contrario, el que aspire a ser más que los demás, se hará servidor de ustedes. Y el que quiere ser el primero, debe hacerse esclavo de los demás" (El Evangelio de San Mateo, 20: 25- 27).

Inspirado en esos principios, el concepto de liderazgo del sirviente ("servant leadership") fue introducido por Greenleaf (1991) y pretende describir un líder que escucha, apoya y trata de construir una comunidad.

Aunque este enfoque no deja de tener cierto interés, y sigue siendo objeto de atención de parte de algunos investigadores, no hay consenso en su definición (Parris y Peachey, 2013). Tampoco está claro en qué medida los valores personales de un "líder sirviente" difieren de los valores de líderes con otros estilos, por ejemplo, de los valores de un líder transformacional, y enfoques como este último parecen despertar mayor interés en la actualidad. Por otra parte, no parece que existan muchos "líderes sirvientes"; por el contrario, Pfeffer (2015) sostuvo que los líderes colocan sus propios intereses por delante del bienestar de la gente.

11. EL LIDERAZGO COMPARTIDO

En este enfoque, en lugar de concentrarse en la acción individual de un líder, se mira el liderazgo como un proceso que involucra a muchas personas de un equipo (Pearce y Conger, 2003). En cierta forma, el liderazgo compartido es una extensión de la teoría del intercambio entre el líder y sus seguidores para abarcar también colegas, superiores y otros actores en el entorno del proceso de liderazgo.

Bolden (2011) efectuó una revisión de los estudios realizados hasta la fecha sobre liderazgo compartido o distribuido. Bolden comentó como a pesar de que la idea de lograr resultados a través de la gente es muy antigua, durante mucho tiempo prevaleció la noción del líder individual, lo que dificultó el desarrollo del concepto de liderazgo compartido o distribuido. Sin embargo, las cosas han cambiado y se tiende a pensar actualmente que el éxito de una organización depende del trabajo conjunto de líderes y seguidores.

En el estudio de este modelo o tipo de liderazgo, se utilizan indistintamente los términos "distribuido", "compartido", "colectivo", "colaborativo", "democrático", etc., lo que sin duda genera confusión. En todo caso, los estudios sobre liderazgo compartido han sido generalmente descriptivos, requiriéndose un mejor entendimiento del contexto de poder e influencia en el que se sitúa, de las posibilidades de extender los resultados de los estudios a otras organizaciones y de los beneficios recibidos por los distintos actores.

Ibarra y Hansen (2011) prefirieron utilizar el término "liderazgo colaborativo". Afirman que es el estilo de liderazgo adecuado para un mundo hiperconectado, debido a los medios de comunicación social y la globalización, que hace inadecuados los estilos de comando y control y de consenso. Estos autores afirman que los líderes colaborativos deben:

- Construir conexiones globales que los ayuden a identificar oportunidades, en lugar de enfocarse en las conexiones internas
- Involucrar talento diverso de todas partes para producir resultados, en lugar de depender de equipos homogéneos
- Colaborar en la cima para dar el ejemplo, en lugar de fomentar los conflictos de poder de la política corporativa
- Facilitar las decisiones rápidas y promover la agilidad, en lugar de permitir que los grupos se paralicen por los conflictos internos o la búsqueda de consenso

Según Ibarra y Hansen (2011), el liderazgo colaborativo funciona mejor cuando se trata de grupos diversos, pertenecientes a distintas unidades de la empresa o a distintas empresas y cuando la innovación y la creatividad son críticas. Por el contrario, el liderazgo de comando y control funciona mejor dentro de una jerarquía definida y el liderazgo de consenso es preferible en grupos pequeños y cuando la velocidad no es importante.

Avolio (2011) relacionó el liderazgo compartido, como es natural, con el liderazgo de equipos, y advierte que el liderazgo efectivo de un equipo requiere clarificar las expectativas, roles y metas del equipo y llevar al equipo a través de procesos de tensión y conflictos adaptativos para que sus miembros puedan desarrollarse a sí mismos y lograr niveles más altos de desempeño.

Kim y Mauborgne (2014) afirmaron que los líderes necesitan liberar el talento y la energía sin explotar en sus organizaciones, distribuyendo el liderazgo y delegando poder y autoridad a todos los niveles gerenciales. Pero Grint (2010) advirtió que, si bien el liderazgo colectivo es necesario en sociedades u organizaciones grandes, complejas y permanentes, existen riesgos al tratar de escapar del concepto de liderazgo heroico o individual exaltando demasiado las virtudes del liderazgo compartido; puede ocurrir que si todos somos líderes ninguno lo sea.

CUARTA PARTE:
EL CONTEXTO

12. LA INFLUENCIA DEL CONTEXTO

En 1860, unos veinte años después de que Carlyle formulase la teoría del gran hombre, el sociólogo inglés Herbert Spencer replicó que esos grandes hombres eran productos de sus sociedades y sus acciones hubiesen sido imposibles sin las condiciones sociales construidas antes de sus vidas (Carneiro, 1981). Este es probablemente el primer señalamiento importante sobre la relevancia del contexto en el liderazgo.

Avolio (2007), Nye (2008), Javidan et al. (2010) y Kellerman (2014) son algunos de los autores que han insistido recientemente en la influencia del contexto en el proceso de liderazgo. Estos autores han señalado que el liderazgo ha cambiado dramáticamente en el tiempo, por lo que no es lo mismo liderar en el siglo XXI que en el siglo XX o en el XIX. Además, no es lo mismo liderar en China, Estados Unidos, Brasil o Inglaterra. Avolio (2007) afirmó que la relación entre el líder y los seguidores es un resultado de la cultura en la que tiene lugar esa relación.

Avolio (2007) y Nye (2008) sostuvieron que el contexto es uno de los tres componentes del liderazgo, junto al líder y los seguidores. Kellerman (2014) fue más allá y afirmó que los tres componentes tienen la misma importancia, visualizando el liderazgo como un triángulo equilátero, en el que cada lado es uno de los tres componentes mencionados.

Figura 1. Componentes del liderazgo. Fuente: Silva (2015)

Esta idea constituye un paso más en la evolución de la comprensión del liderazgo. Como hemos visto, primero se pensó que el liderazgo era una cualidad de algunas personas o líderes, luego se entendió que más bien se trataba de un proceso de relación e influencia entre un líder y sus seguidores y ahora se ve el liderazgo como ese proceso de relación líder- seguidores, pero con el contexto como un factor influyente en el mismo. Es decir, se entiende ahora que el liderazgo es el proceso que ocurre cuando unas personas aceptan seguir a un líder en un contexto determinado.

13. LA INTEGRACIÓN DE LAS TEORÍAS DE LIDERAZGO

Yukl (2006), Avolio (2007) y Mendenhall et al (2013), entre otros autores, han expresado la necesidad de integración de las diferentes teorías de liderazgo. Un enfoque integrador parece bastante factible, al menos en términos muy simples, si se toma en cuenta que las teorías de liderazgo que han sido propuestas no son diferentes explicaciones de este fenómeno sino diferentes perspectivas del mismo. Ninguna de estas teorías está en conflicto con las otras; por el contrario, las teorías son complementarias. Por lo tanto, podemos afirmar que en lugar de varias teorías existe una teoría única de liderazgo con diferentes enfoques dentro del cuerpo general de conocimientos de este campo de estudio (Silva, 2015).

Las diferentes teorías de liderazgo que han sido mencionadas podrían integrarse fácilmente, utilizando el modelo de triángulo propuesto por Kellerman (2014), como se muestra en la figura 2.

Figura 2. Integración de las teorías de liderazgo. Fuente: Silva (2015)

Con base en el esquema que se muestra en la figura 2, se puede desarrollar una teoría de liderazgo integrada. Una teoría es un conjunto de principios que proporcionan una explicación de algún aspecto del mundo natural o social, basado en la observación, experimentación y razonamiento. Los cuatro principios básicos de una teoría integral del liderazgo podrían ser expresados como sigue:

- El liderazgo es el proceso de alcanzar los objetivos deseados de una organización o sociedad mediante la colaboración entre el líder y los seguidores dentro de un contexto determinado
- Los líderes principalmente se hacen, pero también nacen con características de inteligencia, creatividad y personalidad no suficientes pero necesarias para que se conviertan en líderes
- La tarea principal del líder es provocar un cambio en los seguidores y en la sociedad u organización en la que participa

- El contexto histórico, la cultura y el clima organizacional son factores externos que afectan en gran medida el proceso de liderazgo.

QUINTA PARTE:
EL DESARROLLO DE LOS LIDERES

14. EL DESARROLLO DE LOS LIDERES

Una de las motivaciones principales de los estudios del liderazgo ha sido la de poder formular recomendaciones y establecer procedimientos para desarrollar nuevos líderes.

Bennis (1989) fue uno de los principales pioneros en este campo, sugiriendo que una persona que desee convertirse en líder debe conocerse a sí mismo, conocer el mundo, actuar guiado por su instinto, crecer por sí mismo, aprender a moverse a través del caos, poner gente de su lado y forjar el futuro. Es decir, Bennis propuso un camino autodidáctico en el que la persona fuese desarrollando por si misma las cualidades que le permitirían ser un líder.

Aunque muchos esquemas se han propuesto para desarrollar líderes dentro de las organizaciones, la tarea de convertirse en líder parece ser, como lo sugirió Bennis, un esfuerzo mayormente individual. En efecto, Silva (2014b), estudiando las vidas de grandes líderes empresariales, como John D. Rockefeller, Henry Ford, Alfred Sloan, Sam Walton, Jack Welch, A.G. Lafley, Steve Jobs y Bill Gates, encontró que todos ellos, aunque tuvieron la ayuda de algunos mentores, lograron por si mismos convertirse en grandes líderes. Sin embargo, es posible que otras personas con talento menos excepcional, sin dejar de realizar un gran esfuerzo personal, puedan beneficiarse más del ejemplo y la enseñanza que reciban de líderes establecidos, como lo sugiere Tichy (2012).

Analizando distintos modelos de desarrollo de líderes globales, Mendenhall et al (2013) afirmaron que las asignaciones internacionales son la mejor vía para desarrollar líderes globales. Es decir, se aprende a ser líder en el terreno, asumiendo posiciones de liderazgo cada vez más exigentes. Esta es la misma conclusión a la que llegó Ibarra (2015b): "sólo se puede aprender a ser líder haciendo el trabajo de líder, no sólo pensando acerca de eso". Esta autora sostuvo que se actúa como un líder y luego se piensa como un líder, no al revés.

Actuar como un líder, para Ibarra (2015b), supone proponer nuevas ideas, hacer contribuciones fuera de su área de experiencia y conectar personas y recursos hacia una meta que valga la pena. Los líderes tienen que proporcionar dirección estratégica para los demás en lugar de tratar de lograr resultados por sí mismos, colaborar a través de las distintas unidades organizacionales o funciones en lugar de limitarse a los confines de sus propios grupos o funciones, convencer a un grupo amplio de interesados sobre la conveniencia de sus ideas en lugar de enfocarse en desarrollar buenas ideas técnicas y acostumbrarse a tomar decisiones en condiciones de incertidumbre y ambigüedad en lugar de limitarse a implementar decisiones tomadas por otros.

Aunque algunos textos parecen subestimar la dificultad de aprender a ser líderes, realmente la transición de gerente a líder en una organización no tiene nada de fácil: muchos no lo logran y otros ni siquiera lo intentan.

Watkins (2012) advirtió que las habilidades que un gerente desarrolla a niveles bajos o intermedios de la organización no son suficientes para asumir con efectividad posiciones de liderazgo; para esto debe aprender a contratar, juzgar y relacionarse con una variedad mucho mayor de personas y transformarse de analista a integrador, de táctico a estratega, de albañil a arquitecto, de solucionador de problemas a elaborador de la agenda, de guerrero a diplomático y de actor secundario a actor principal.

Para desarrollarse como líder y actuar como tal, las redes personales son críticas, como lo afirmó Ibarra (2015b). Las redes proporcionan apoyo para establecer y seguir el camino correcto y también permiten alcanzar un grupo más amplio de interesados a los cuales convencer y adoptar como colaboradores o seguidores.

Ibarra y Hunter (2007) afirmaron que los líderes necesitan establecer redes operacionales, personales y estratégicas u organizacionales:
- Las redes operacionales tienen como propósito lograr los resultados necesarios en el trabajo y están conformadas por las personas que hacen falta para llevar a cabo las tareas asignadas
- Las redes personales tienen como propósito desarrollar habilidades profesionales y están conformadas por personas de fuera de la organización que pueden ayudar en su avance personal

- Las redes estratégicas u organizacionales tienen como propósito visualizar y aprovechar futuras oportunidades y están conformadas por gerentes de otras unidades funcionales y de negocios que pueden ayudar a superar los retos y conseguir objetivos organizacionales claves

Nye (2010) sostuvo que los líderes necesitan entender la relación de las redes con el poder y cómo adaptar estrategias y crear equipos que se beneficien tanto de enlaces fuertes como de enlaces débiles en esas redes.

Ready y Peebles (2015) afirmaron que los aspirantes a líderes dentro de las empresas deben aprender a asumir la responsabilidad de la empresa como un todo, superando la visión limitada de su propia unidad, y las redes personales con otros colegas pueden ayudarlos mucho a entender y discutir esos retos.

Es necesario advertir que todas estas recomendaciones suponen que los líderes se pueden desarrollar. Aunque la mayoría de los autores están de acuerdo en que los líderes se hacen y, por lo tanto, se puede aprender a ser líder, también se reconoce que los líderes deben nacer con ciertas cualidades personales o desarrollarlas en su infancia y adolescencia, mucho antes de tener la oportunidad de ser líderes en algún campo de actividad. Por ejemplo, Avolio (2011) admitió que los líderes necesitan características de personalidad, inteligencia y constitución emocional, con las que se nace o se desarrollan muy temprano en la vida. Es decir, no todos pueden ser líderes.

Además, si bien poseer competencias adecuadas es indispensable, esto no es suficiente. Para que una persona llegue a ser líder se necesita que sea aceptado como tal, por un grupo, en unas circunstancias determinadas. Con un punto de vista pragmático, Pfeffer (2015) advirtió que para ser líder se deben exhibir los atributos requeridos para alcanzar esa posición y para mantenerse en ella, dependiendo estos atributos del contexto de cada organización.

Cuando se toma conciencia de las dificultades que existen para que una persona se convierta en líder y la incertidumbre de ese proceso, sorprende la profusión de libros y programas de formación de líderes que prometen un camino fácil para lograrlo.

Lorsch (2010) se manifestó crítico de los programas de educación de líderes, sosteniendo que lo mejor que pueden hacer estos programas es permitir a los participantes entender su disposición al liderazgo y sus fortalezas y debilidades para esa tarea.

Kellerman (2012) también cuestionó los programas de desarrollo de líderes y lo que ella denominó la "industria del liderazgo", por la proliferación de libros, cursos, seminarios, conferencias, etc., sin mayor fundamento científico, y en particular advirtió que no sabemos si todos pueden ser líderes y que no tiene mucho sentido enseñar a gente muy distinta en situaciones tan diferentes al mismo tiempo y de la misma forma.

Pfeffer (2015) fue igualmente crítico de la "industria del liderazgo" y afirmó que ha fallado por completo si observamos la gran falta de líderes competentes en las organizaciones, las pocas cualidades personales de esos líderes y las grandes deficiencias de los lugares de trabajo.

REFERENCIAS

Avolio, B. J. (2007). Promoting more integrated strategies for leadership theory-building. *American Psychologist, 62*(1), 25-33.

_____ (2011). *Full-range leadership development.* Thousand Oaks, CA: SAGE Publications, Inc.

Avolio, B. J., Bass, B. M., Walumbwa, F. y Zhu, W. (2004): Multifactor Leadership Questionnaire: Manual and Sampler Test, Redwood City, CA: Mind Garden

Avolio, B. J., Kahai, S. S. y Dodge, G. E. (2001): E- Leadership: Implications for Theory, Research, and Practice, Leadership Quarterly, 11: 615-68

Avolio, B. J., Walumbwa, F. y Weber, T. J. (2009): "Leadership: Current Theories, Research, and Future Directions", Annual Review of Psychology, 60 (2009): pp. 421- 449

Avolio, B. J. y Yammarino, F. J. (2013): Transformational and Charismatic Leadership: The Road Ahead, Emerald Group Publishing Limited

Bass, B. M. (1995): Leadership and Performance Beyond Expectations, New York, The Free Press.

_____ (1996): New Paradigm Leadership: An Inquiry into Transformational Leadership, Alexandria, VA, U.S. Army Research Institute for the Behavioral and Social Sciences

Bass, B. M. y Steidlmeier, P. (1999): "Ethics, Character, and the Authentic Transformational Leadership Behavior", Leadership Quarterly, 10, No, 2 (Summer 1999), 187

Bennis, W. G. (1961): "Revisionist Theory of Leadership", Harvard Business Review

_____ (1989): On Becoming a Leader, Addison- Wesley Publishing Company, Inc.

Bennis, W. G. y Thomas, R.J. (2002): "Crucibles of Leadership", Harvard Business Review, September 2002, pp. 39- 45

Bennis, W. G. y Towsend, R. (2006): Reinventing Leadership, Collins Business Essentials

Bergman, C. K. (1996): Challenge of the 21st Century Leadership: The Cornerstone and Future Building Blocks, Maxwell Air Force, Alabama, Air War College, Air University, USAF

Blake, R. y Mouton, J. S. (1985): The Managerial Grid III, Houston, Gulf

Bolden, R. (2011): "Distributed Leadership in Organizations: A Review of Theory and Research", International Journal of Management Reviews, Vol. 13, 251–269 (2011)

Boyett, J. H. (2013): The Science of Leadership, edición personal del autor

Bowers, D. G. y Seashore, S. E. (1966): "Predicting Organizational Effectiveness with a Four- Factor Theory of Leadership", Administrative Science Quarterly 11, pp. 238- 263

Bracho, O. y García, J. (2013): "Algunas Consideraciones Teóricas sobre el Liderazgo Transformacional", Telos, Revista de Estudios Interdisciplinarios en Ciencias Sociales, Universidad Rafael Belloso Chacín, Maracaibo, Venezuela, Vol. 15 (2): 165-177,2013

Burns, J. M. (1978): Leadership, New York, Harper& Row

Carlyle, T. (1841): On Heroes and Hero Workshop and the Heroic in History, Project Gutenberg

Carneiro, R. L. (1981): "Herbert Spencer as an Anthropologist" Journal of Libertarian Studies, vol. 5, 1981, pp. 171–2

Chatman, J. A. y Kennedy, J. A. (2010): "Psychological Perspectives on Leadership", en Nohria, N. y Khurana, R. (2010): Handbook of Leadership Theory and Practice: A Harvard Business School Centennial Colloquium, Harvard Business Press

Confucio (475 a.C./ 2001): Analectas, Versión y notas de Simón Leys, Editorial Edaf

Cowley, W. H. (1931). "The traits of face-to-face leaders". The Journal of Abnormal and Social Psychology, 26(3), 304-313.

Daft, R. L. (2008): The Leadership Experience, Fourth Edition, South-Western Cengage Learning

Dansereau, F., Graen, G. y Haga, W. J. (1975). "A vertical dyad linkage approach to leadership in formal organizations". Organizational Behavior and Human Performance. 13 (1): 46–78

De Vries, M. K. y Engellan, E. (2010): "A clinical approach to the dynamics of leadership and executive transformation", en Nohria, N. y Khurana, R. (2010): Handbook of Leadership Theory and Practice: A Harvard Business School Centennial Colloquium, Harvard Business Press

Ely, R.J., Ibarra, H. y Kolb, D. (2011): Taking Gender into Account: Theory and Design for Women's Leadership Development Programs, Faculty & Research Working Paper, INSEAD

Ely, R. D. y Rhode, D. J. (2010): "Women and Leadership", en Nohria, N. y Khurana, R. (Ed.), Handbook of Leadership Theory and Practice: A Harvard Business School Centennial Colloquium, Harvard Business Press, pp. 377- 410

Ely, R. J., Stone, P. y Ammerman, C. (2014): "Rethink what you know about high-achieving women", Harvard Business Review, December 2014, 101-109

Evans, M. G. (1970). "The effects of supervisory behavior on the path-goal relationship". Organizational Behavior and Human Performance 5: 277–298.

Fernández, M. C. (2017): "Liderazgo global: ¿Una nueva teoría?", Centro Latinoamericano de Estudios de Liderazgo, Keiser University

Fiedler, F. E. (1954): "Assumed Similarity Measures as Predictors of Team Effectiveness", Journal of Abnormal and Social Psychology 49, pp. 381-388

Fischer, L. (2010): Gandhi: His Life and Message for the World, Signet Classics

Fry, L. W. (2003): "Towards a theory of spiritual leadership", The Leadership Quarterly, 14 (2003), pp. 693- 727

Fry, L. W. y Slocum, J. W. (2008): "Maximizing the triple bottom line through spiritual leadership", Organizational Dynamics, Vol. 37, No. 1, pp. 86- 96

George, B. (2009): Seven Lessons for Leading in Crisis, Jossey- Bass

_____ (2011): "Why Leaders Lose Their Way", Harvard Business School- Working Knowledge, 6 June 2011

George, B., Sims, P. McLean, A. N. y Mayer, D. (2011): "Descubra su autentico liderazgo", Harvard Business Review, Diciembre 2011, pp. 10-17

Gitsham, M. y Peters, K. (2009): "Leadership Skills for the 21st Century", 360o The Ashridge Journal, Spring 2009

Goleman, D. (1998): "What makes a leader? Harvard Business Review, November- December 1998, 93-102 (reprint)

Graen, G. B. y Cashman, J. F. (1975). "A role making model of leadership in formal organizations: A developmental approach". In J. G. Hunt & L. L. Larson (Eds.), Leadership Frontiers: 143-165. Kent, Ohio: Kent State University Press.

Greenleaf, R. K. (1991): The Servant as Leader, Indianapolis, IN: Robert Greenleaf Center

Grint, K. (2010): Leadership: A Very Short Introduction, Oxford University Press, Inc.

Heifetz, R. A., Grashow, A. y Linsky, M. (2009): The Practice of Adaptive Leadership: Tools and Tactics for Changing Your Organization and the World. Harvard Business Review Press

Heifetz, R.A. y Laurie, D.L. (2001): "The Work of Leadership", Harvard Business Review, December 2001, 131- 140 (Reprint)

Hemphill, J. K. y Coons, A. E. (1957): "Development of the Leader Behavior Description Questionnaire". In Stogdill, R. M. & Coons, A. E. (Eds.), Leader Behavior: It's Description & Measurement (Research Monograph No. 88). Columbus, Ohio State University, Bureau of Business Research

Hersey, P. y Blanchard, K. H. (1982): Management of Organizational Behavior: Utilizing Human Resources, 4th ed., Englewood Cliffs, NJ, Prentice- Hall

Hill, C. W. L. (2001): Negocios internacionales, Tercera edición, McGraw-Hill

House, R. J. y Aditya, R. M. (1997): "The Social Scientific Study of Leadership: Quo Vadis?", Journal of Management, 23, No. 3 (1997), 446

House, R. J., Hanges, P. J., Javidan, M., Dorfman, P.W. y Gupta, V. (2004): Culture, Leadership, and organizations: The GLOBE Study of 62 Societies, Thousand Oaks, CA.

Ibarra, H. (2015a): "The Authenticity Paradox", Harvard Business Review, January 2015

_____ (2015b): Act Like a Leader, Think Like a Leader, Harvard Business Review Press

Ibarra, H. Ely, R. J. y Kolb, D. (2013): "Women Rising: The Unseen Barriers", Harvard Business Review, September 2013

Ibarra, H. y Hansen, M.T. (2011): "Are you a collaborative leader?", Harvard Business Review, July- August 2011

Ibarra, H. y Hunter, M. (2007): "How leaders create and use networks", Harvard Business Review, January 2007

James, E. H. y Wooten, L. P. (2005): "Leadership as (Un)usual: How to Display Competence in Times of Crisis", Organizational Dynamics, Elsevier, Inv. Vol. 34, No. 2, pp. 141- 152

Javidan, M., Bullough, A. y Dibble, R. (2016): "Mind the gap: Gender differences in global leadership self- efficacies", Academy of Management Perspectives, Vol. 30, No. 1, 59- 73

Javidan, M., Dorfman, P.W., Howell, J. P. y Hanges, P. J. (2010): "Leadership and Cultural Context", en Nohria, N. y Khurana, R. (Ed.), Handbook of Leadership Theory and Practice: A Harvard Business School Centennial Colloquium, Harvard Business Press, pp. 335- 376

Jenkins W. O. (1947): "A review of leadership studies with particular reference to military problems", Psychological Bulletin, 44, 54–79

Johnson, P. (2009): Churchill, Viking

Kellerman, B. (2007): "What Every Leader Needs to Know About Followers". Harvard Business Review, December 2007

_____ (2012): The End of Leadership, HarperCollins Publishers, New York

_____ (2014). Hard times: Leadership in America. Stanford, CA: Stanford Business Books

Kerr, S. y Jermier, J. M. (1978): Substitutes for Leadership: Their Meaning and Measurement, Org. Behav. Hum. Perform, 22: 376- 403

Kim, W. C. y Mauborgne, R. (2014): "Blue Ocean Leadership", Harvard Business Review, May 2014, 60- 72

Kotter, J. P. (1979): Power in Management, Amacom Books

_____ (1990):" What leaders really do", Harvard Business Review

_____ (1999): La verdadera labor de un líder, Grupo Editorial Norma

Kotter, J.P. y Heskett, J. (1992): Corporate Culture and Performance, New York, Free Press

Las Heras, M. y Lee, Y. T. (2010): "Inteligencia Cultural para el Líder del Futuro", Ideas, Revista de Antiguos Alumnos IESE, Octubre- Diciembre 2010, No. 119, pp. 28- 30

Lao Tsé (circa 500 a. C./ 2008): Tao Te Ching, versión de Vladimir Antonov, CreateSpace Independent Publishing Platform

Levine, M. y Boaks, J. (2014): "What does ethics have to do with leadership? Journal of Business Ethics, 124: 225- 242

Liden, R., Wayne, S. y Stilwell, D. (1993): "A longitudinal study on the early developments of leader- member exchanges", Journal of Applied Psychology, Vol. 78 (4), Aug 1993, 662- 674

Lewin, K. y Lippet, R. (1938): "An Experimental Approach to the Study of Autocracy and Democracy: A Preliminary Note", Sociometry 1, pp. 292-300

Lorsch, J. (2010): "Contingency Theory of Leadership", en Nohria, N. y Khurana, R. (Ed.), Handbook of Leadership Theory and Practice: A Harvard Business School Centennial Colloquium, Harvard Business Press, pp. 411- 429

Lussier, R. N. y Achua, C. F. (2011): Liderazgo: Teoría, Aplicación y Desarrollo de Habilidades, Cuarta Edición, Cengage Learning

Luthans, F. y Avolio, B. J. (2003): "Authentic Leadership: A Positive Developmental Approach". In Positive Organizational Scholarship: Foundations of a New Discipline, ed. K. S. Cameron, J. E, Dutton, R. E. Quinn, pp. 241- 58, San Francisco, CA: Berrett- Koehler

Maquiavelo (1513/ 2004): El Príncipe, La Editorial de la Universidad de Puerto Rico

Martin, R. (2007): "How Successful Leaders Think", Harvard Business Review, June 2007

Mendenhall, M. E., Osland, J. S., Bird, A., Oddou, G. R., Maznevski, M. L., Stevens, M. J. y Stahl, G. K. (2013): Global Leadership: Research, Practice, and Development, Routledge

Meredith, M. (2011): Mandela: A Biography, Public Affairs

McGregor, D. (1960): The Human Side of Enterprise, New York, McGraw-Hill

Nohria, N. y Khurana, R. (2010): Handbook of Leadership Theory and Practice: A Harvard Business School Centennial Colloquium, Harvard Business Press

Nye, J. S. (2008): The Powers to Lead, Oxford University Press

_____ (2010): "Power and Leadership", en Nohria, N. Y Khurana, R.: Handbook of Leadership Theory and Practice: A Harvard Business School Centennial Colloquium, Harvard Business Press, pp. 305- 332

Parris, D. L. y Peachey, J. W. (2013): "A Systematic Literature Review of Servant Leadership Theory in Organizational Contexts", Journal of Business Ethics, 2013 (113): 377-393

Pearce, C. L. y Conger, J. A. (2003): Shared Leadership: Reframing the Hows and Whys of Leadership, Thousand Oaks, CA: Sage

Pfeffer, J. (1981): Power in Organizations, HarperCollins

_____ (2015): Leadership BS, Harper Collins

Plutarco (circa 100/ 2010): Alejandro- César: Vidas Paralelas, Biblioteca Románica Hispánica

Ready, D. A. (2004): "How to Grow Great Leaders", Harvard Business Review, December 2004, pp. 92- 100

Ready, D. A. y Peebles, M. E. (2015): "Developing the next generation of enterprise leaders", MIT Sloan Management Review, Fall 2015, Vol. 57, No. 1, pp. 43- 51

Rosener, J. B. (1990): "Ways women lead", Harvard Business Review, November- December 1990

Rosenthal, S. A. y Pittinsky, T. L. (2006): "Narcissistic leadership", The Leadership Quarterly, Vol. 17 (6), pp. 617- 633

Scharmer, O. y Kaufer, K. (2013): Leading from the Emerging Future, BK Currents, Berrett- Koehler Publishers

Silva, A. (2014a): "What do we really know about leadership?", Journal of Business Studies Quarterly, 2014, Volume 5, Number 4, pp. 1-4

_____ (2014b): "What can we learn from great business leaders?", Journal of Leadership Studies, Vol. 8, No. 3, pp. 52-57

_____ (2015): "An integrated leadership theory", Journal of Perspectives in Organizational Behavior, Management & Leadership, Volume 1, Issue 1, 2015, pp. 5-9

Simpson, S. (2012). The Styles, Models & Philosophy of Leadership. Bookbon.com

Stogdill, R. M. (1948): "Personal Factors Associated with Leadership: A Survey of the Literature", Journal of Psychology 25, pp. 35- 71

Sun Tzu (circa 500 a. C./ 2001): El Arte de la Guerra, versión de Thomas Cleary, Editorial Edaf S. L.

Takala, T. (1998): "Plato on Leadership", Journal of Business Ethics 17:785- 798

Thomas, B. P. y Burlingame, M. (2008): Abraham Lincoln: A Biography, Southern Illinois University Press

Tichy, N. (2012): "Developing Leaders", Leadership Excellence, July 2012, 5

Tichy, N. M. y Devanna, M. A. (1986): The Transformational Leader, New York, John Wiley & Sons

Trompenaars, F. y Hampden- Turner, C, (2012): Riding the Waves of Culture, Nicholas Brealey Publishing, London/ Boston

Useem, M. (2010): "Four Lessons in Adaptive Leadership", Harvard Business Review, November 2010, pp. 87- 90

Volckmann, R. (2012): "Fresh Perspective: Barbara Kellerman and the Leadership Industry", Integral Leadership Review, June 2012

Vroom, V. H. y Jago, A. G. (1988): The New Leadership: Managing Participation in Organizations, Englewood Cliffs, NJ, Prentice- Hall

Waldman, D. A. y Balden, R. M. (2014): "Responsible Leadership: Theoretical Issues and Research Directions", Academy of Management Perspectives, Vol. 28, No. 3, 224-234

Watkins, M. D. (2012): "How managers become leaders", Harvard Business Review, June 2012, 65- 72

Yukl, G. A. (2005): Leadership in Organizations, 6th Edition, Upper Saddle River, NJ, Pearson Prentice- Hall

Zalesnik, A. (1977): "Managers and Leaders: Are They Different?", Harvard Business Review

www.ingramcontent.com/pod-product-compliance
Lightning Source LLC
Chambersburg PA
CBHW030916180526
45163CB00004B/1856